THE LANGUAGE GYM

RELATOS

OBJETOS PERDIDOS

Joanna's story

THE LANGUAGE GYM

About the authors

Tom Ball is head of the World Languages faculty and teaches French and Spanish at a leading international school in Malaysia. He is an experienced teacher and veteran faculty leader with 13 years of experience, ranging from the UK, the USA and now Malaysia. An avid writer, his stories are inspired by years of traveling and working around the world, including stints as a melon picker in the South of France, a deckhand in Papua New Guinea, and a wine merchant in London. He lives with his wife, Carlota, his son, Dacho, and their two cats in Kuala Lumpur. Tom has a passion for crafting intriguing story lines, writing witty prose, and creating dynamic characters that jump off the page and come to life. His teaching career, with a proven track-record ranging from Primary to A-Level, allows him to pitch the language at a level which creates challenging, engaging, but also student-friendly academic resources.

Dylan Viñales has taught for 15 years, in schools in Bath, Beijing and Kuala Lumpur in state, independent and international settings. He lives in Kuala Lumpur. He is fluent in five languages, and gets by in several more. Dylan is, besides a teacher, a professional development provider, specialising in E.P.I., metacognition, teaching languages through music (especially ukulele) and cognitive science. In the last five years, together with Dr Conti, he has driven the implementation of E.P.I. in one of the top international schools in the world: Garden International School. Dylan authors an influential blog on modern language pedagogy in which he supports the teaching of languages through E.P.I.

Gianfranco Conti taught for 25 years at schools in Italy, the UK and in Kuala Lumpur, Malaysia. He has also been a university lecturer, holds a Master's degree in Applied Linguistics and a PhD in metacognitive strategies as applied to second language writing. He is now an author, a popular independent educational consultant and professional development provider. He has written around 2,000 resources for the TES website, which have awarded him the Best Resources Contributor in 2015. He has co-authored the best-selling and influential book for world languages teachers, "The Language Teacher Toolkit", "Breaking the sound barrier: Teaching learners how to listen", in which he puts forth his Listening As Modelling methodology and "Memory: what every language teacher should know". Last but not least, Gianfranco has created the instructional approach known as E.P.I. (Extensive Processing Instruction).

DEDICATION

For Catrina
- Gianfranco

For Ariella and Leonard
- Dylan

For Dacho
- Tom

Acknowledgements

A big thanks to our friends and family for the ongoing support and good humour while we work hard to produce these resources.

Secondly, our most sincere thanks and gratitude to our team of volunteer student readers: Yoo Jin Lee, Matthew Tang, Shriya Kalyan, Jeevika Purkar, Sayyada Jaffari, Smrithi Sankaranarayanan, Ferdinando Maitland-Smith, Ishika Chakraborty & Carola Molinari

A special mention, as always, to the fabulous MFL Twitterati community for their support and feedback throughout the creation process of this book.

Thank you to Carlota, Roberto and Inés for their time spent reading, re-reading, proofreading and editing this book.

Introduction

16-year old Joanna has run away to Spain looking for freedom and independence. Arriving in Madrid, she is looking forward to enjoying good food and experiencing the exotic Spanish culture. When she loses her money, her passport and her bag, however, she finds herself alone and hungry in a chaotic and intimidating city. But a chance encounter with the enigmatic Santiago, and his temperamental cat, doña Margarita, leads her to unexpected adventures and the chance to look at life from a different angle.

Will Santiago help Joanna to find her feet? And will Joanna learn how this kind, educated man ended up living on the streets?

Objetos Perdidos is a story about friendship, resilience and finding the value in the things we take for granted. Written for, and with input from, iGCSE Spanish students, *Objetos Perdidos* is the ideal accompaniment to the iGCSE Spanish course.

TABLE OF CONTENTS

PLANO DE MADRID

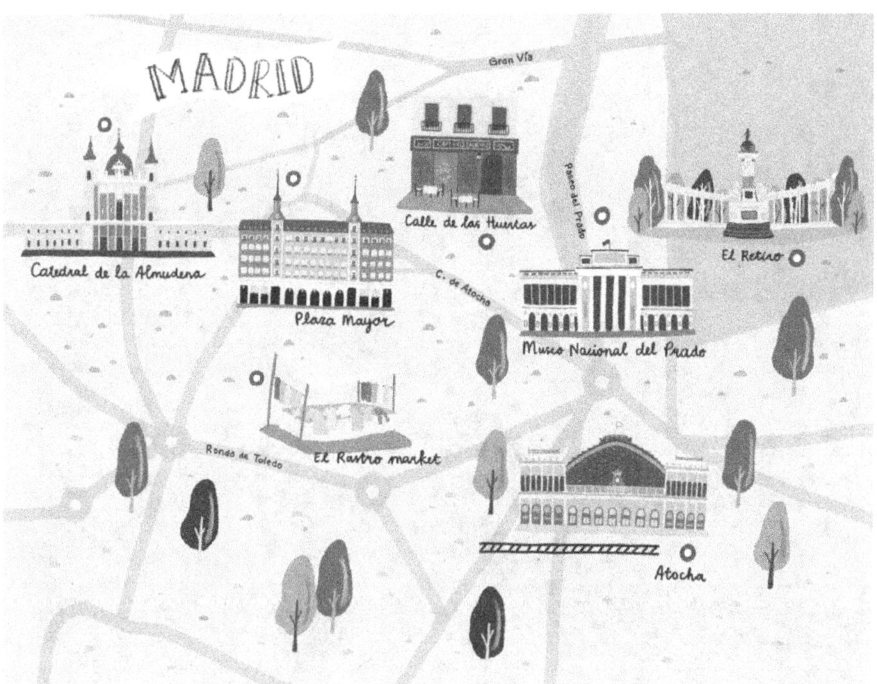

This map of Madrid has been designed to help you get a feel for the parts of Madrid which the main characters visit. You can refer to it as you read the story.

CHAPTER 1

El equipaje de Joanna

Son las ocho de la mañana y estoy en la estación de autobuses en Madrid, en España.

It's eight in the morning and I'm at the bus station in Madrid, in Spain.

Acabo de llegar después de treinta horas de autobús. ¡Treinta horas! Lo bueno es que ahora estoy muy lejos de mis padres, que son unos pesados.

I just got here after thirty hours on the bus. Thirty hours! The good thing is that now I am very far from my parents, who are a real pain.

Mañana voy a ir a Toledo a visitar a mi mejor amiga que vive allí ahora, pero hoy voy a hacer turismo por Madrid.

Tomorrow I am going to go to Toledo to visit my best friend who lives there now, but today I am going to go sightseeing in Madrid.

Madrid es la capital de España y hay muchas cosas que quiero ver.

Madrid is the capital of Spain and there are many things I want to see.

Tengo que ir a la oficina de turismo para pedir un mapa, pero primero necesito ir al baño.

I have to go to the tourist office to ask for a map, but first I need to go to the bathroom.

Voy hacia los aseos que están al otro lado de la estación. La oficina de turismo está allí también.

I go towards the toilets on the other side of the station. The tourist office is there too.

Hay mucha gente en la estación.

There are a lot of people at the station.

Está muy concurrida y hay mucho ruido. Toda la gente parece muy seria y muy ocupada.

5

Pienso en mis padres: «No los necesito; son muy pesados. Lo que yo quiero es ser independiente».

10

Hace un calor de muerte en Madrid. Me duele un poco la cabeza a causa del ruido y del calor.

15

También me duele el estómago porque, la verdad, no he comido mucho en las últimas treinta horas.

20

Llego a los aseos, pero antes de entrar necesito beber agua. Me acuerdo de que tengo una botella de agua en mi equipaje.

25

De repente, me quedo de piedra.

«¡Mi equipaje!».

30

Mi equipaje todavía está en el autobús.

It is very busy and there is a lot of noise. All the people seem very serious and very busy.

I think of my parents: *I don't need them; they are really annoying. What I want is to be independent.*

It is deathly hot in Madrid. My head hurts a little from the noise and the heat.

My stomach also hurts because, in truth, I haven't eaten much in the last thirty hours.

I get to the toilets, but before entering I need to drink water. I remember that I have a bottle of water in my luggage.

Suddenly, I freeze like a statue.

My luggage!

My luggage is still on the bus.

«¡He dejado mi equipaje en el autobús! ¡No puede ser!».

I have left my luggage on the bus! It can't be!

Empiezo a correr y no paro
5 hasta que llego a la parada de autobús.

I start running and don't stop until I get to the bus stop.

«Necesito mi equipaje; ¡mi ropa y mi pasaporte están
10 dentro de la bolsa!».

I need my luggage; my clothes and my passport are inside the bag!

Veo como el autobús empieza a salir de la parada. Intento correr más rápido.

I see how the bus starts to leave the stop. I try to run faster.

15
Grito al conductor: —¡Por favor! ¡Espera! ¡Espera! ¡Esperaaaaaa! ¡¡Mi equipaje!!

I shout to the driver: "Please! Wait! Wait! Waiiiiiit! My luggage!!"

20 Pero el conductor no me oye. Intento seguir el autobús, pero un coche casi me atropella. Asustada, me paro en la calle; me falta el aire, no puedo
25 respirar.

But the driver doesn't hear me. I try to follow the bus, but a car almost runs me over. Scared, I stop in the street; I'm short of breath, I can't breathe.

«¡No me lo puedo creer!».

I cannot believe it!

He dejado mi equipaje en el
30 autobús y ahora no tengo ni pasaporte, ni ropa, ni nada.

I have left my luggage on the bus and now I have no passport, no clothes, nothing.

«¡Qué tonta soy! Cinco minutos lejos de mis padres y pierdo mi equipaje».	*I'm so dumb! Five minutes away from my parents and I lose my luggage.*
5 —¡Cuidado, señorita! —grita un hombre mayor desde la acera.	"Careful, miss!" Shouts an older man from the sidewalk.
Oigo algo. Me giro y veo otro autobús. 10 Me muevo con rapidez y me subo a la acera, donde el hombre mayor me mira.	I hear something. I turn and see another bus. I move quickly and climb onto the pavement, where the older man looks at me.
—¿No eres de aquí, verdad, 15 hija? —me pregunta el hombre.	"You're not from here, are you, my dear?" The man asks me.
Es más bajo que yo y tiene un gato precioso en sus brazos. Creo que es un gato persa, 20 como el de mi madre.	He is shorter than me and has a beautiful cat in his arms. I think it is a Persian cat, like my mother's.
Le cuento que no soy de Madrid, que soy alemana y que vivo en el campo cerca de 25 Berlín.	I tell him that I am not from Madrid, that I am German and that I live in the countryside near Berlin.
—Pues ya que estás en Madrid, deberías probar los churros — dice el hombre con una sonrisa. 30	"Well, since you're in Madrid, you should try the *churros*," says the man with a smile.
Lleva un traje elegante, pero está desgastado,	He's wearing a fancy suit, but it's worn out,

y el gato lleva un pañuelo en el cuello.

Es una visión bastante extraña.

5

—Los churros con chocolate son una especialidad española —me dice—. Por cierto, soy Santiago.

10

—Muchas gracias, Santiago — le digo— y qué gato más curioso tienes…

15 Santiago se ríe.

—Jaja… es muy curiosa, sí... Se llama, doña Margarita.

20 —Pues, qué gata más curiosa entonces. Por cierto, soy Joanna. Encantada de conoceros.

25 Santiago me dice adiós y mientras les veo alejarse por la calle pienso en la recomendación de los churros.

30

Veo una cafetería justo al lado de la oficina de turismo.

and the cat is wearing a bandana around its neck.

It's a pretty strange sight.

"Churros with chocolate are a Spanish specialty," he tells me. "By the way, I'm Santiago."

"Thank you very much, Santiago," I tell him, "and what an interesting cat you have ..."

Santiago laughs.

"Haha ... she's very interesting, yes ... Her name is Mdm. Margarita."
"Well, what a interesting lady cat then. By the way, I'm Joanna. Nice to meet you."

Santiago says goodbye to me and as I watch them go down the street I think about his recommendation of the *churros*.

I see a cafe right next to the tourist office.

Llego a la cafetería y me siento en una mesa. Tengo mucha hambre y mucha sed.

I get to the cafe and sit at a table. I am very hungry and very thirsty.

5 Necesito beber y comer algo. Miro el menú. Hay muchos platos deliciosos y muchas bebidas también.

I need to drink and eat something. I look at the menu. There are many delicious dishes and many drinks too.

10 Hay pan con tomate, jamón, queso, bocadillos, hamburguesas y patatas fritas.

There is bread with tomato, ham, cheese, sandwiches, hamburgers and chips.

Para beber, puedo elegir entre
15 chocolate caliente o zumo de naranja o zumo de limón o de sandía o de albaricoque.

To drink, I can choose between hot chocolate or orange juice or lemon or watermelon or apricot juice.

¡Nunca he visto tantas
20 variedades de zumo en mi vida!

I have never seen so many varieties of juice in my life!

Decido tomar churros –la recomendación de Santiago– y un zumo de naranja. Busco la
25 cartera en el bolsillo de la chaqueta.

I decide to have churros - Santiago's recommendation - and an orange juice. I search for the wallet in my jacket pocket.

No está. La busco como loca en los bolsillos de los pantalones.
30 Nada. Tengo mi teléfono, pero mi cartera no está.

It's not there. I look for it like crazy in the pockets of my trousers. Nothing. I have my phone, but my wallet isn't there.

«¿Dónde está?».

Where is it?

De repente me siento mareada. Me encuentro fatal. Me duele la cabeza y no me siento bien.

Suddenly I feel dizzy. I feel awful. My head hurts and I don't feel well.

5 «No encuentro la cartera porque está en mi equipaje. Y mi equipaje está en el autobús. ¡Estoy tonta!».

I cannot find my wallet because it is in my luggage. And my luggage is on the bus. I'm so dumb!

10 Ahora no tengo ni ropa, ni pasaporte ni dinero. Tampoco tengo mi tarjeta de crédito.

Now I have no clothes, no passport, no money. I don't have my credit card either.

Quiero comer churros y beber 15 un zumo de naranja, pero no puedo porque no tengo dinero.

I want to eat churros and drink an orange juice, but I can't because I don't have money.

«¿Qué voy a hacer?».

What am I going to do?

20 Son las ocho y media de la mañana y estoy en una gran ciudad que no conozco, sin dinero y sin alojamiento.

It is eight thirty in the morning and I am in a big city, which I do not know, without money and without accommodation.

25 Saco mi teléfono móvil. No quiero llamar a mis padres, pero a lo mejor mi amiga en Toledo puede ayudarme.

I take out my mobile phone. I don't want to call my parents, but maybe my friend in Toledo can help me.

30 Tecleo su número de teléfono y la llamo. Sí, seguro que mi mejor amiga me va a ayudar y voy a estar bien.

I type in her phone number and call her. Yes, surely my best friend is going to help me and I am going to be fine.

No necesito a mi familia.
Espero cinco segundos... diez
segundos... y finalmente la
llamada se conecta.

5

Al otro lado de la línea una voz
electrónica dice:
—Bienvenido a Movistar. Tu
teléfono no tiene saldo. Para
10 añadir saldo pulsa la tecla
uno...

Creo que voy a vomitar. He
dejado mi equipaje en el
15 autobús.

No tengo mi pasaporte, no
tengo dinero y mi teléfono no
tiene saldo.
20

«¿Qué es lo que voy a hacer?».

I don't need my family.
I wait five seconds ... ten
seconds ... and finally the call
connects.

On the other end of the line an
electronic voice says:
—Welcome to Movistar. Your
phone has no credit. To add
credit press one ...

I think I'm going to vomit. I
have left my luggage on the
bus.

I don't have my passport, I
don't have money and my
phone has no credit.

What am I going to do?

CHAPTER 2

Joanna va a la plaza Mayor

	Voy a la oficina de objetos perdidos. El hombre dice que va a mandar un mensaje al conductor del autobús.	I go to the lost and found office. The man says that he is going to send a message to the bus driver.
5		
	Le dejo mi número de teléfono y el hombre me da un mapa de la ciudad.	I give him my phone number and the man gives me a map of the city.
10	Salgo de la estación. Hace un calor de perros afuera. Necesito beber agua. Hay una fuente enfrente de la estación. Bebo mucha agua. Es muy	I leave the station. It is super hot outside. I need to drink water. There is a fountain opposite the station. I drink a lot of water. It is very
15	refrescante.	refreshing.
	Decido dar un paseo por Madrid y volver a la oficina de objetos perdidos por la tarde.	I decide to take a walk around Madrid and return to the lost and found office in the afternoon.
20		
	No sé lo que voy a comer, pero por lo menos hay fuentes donde puedo beber. No me voy a morir de sed.	I don't know what I'm going to eat, but at least there are fountains where I can drink. I'm not going to die of thirst.
25		
	Delante de la estación hay una rotonda enorme y el tráfico es muy denso. Son las nueve de la mañana y las calles están	In front of the station there is a huge roundabout and the traffic is very heavy. It's nine in the morning and the streets are
30	concurridas.	busy.
	Hay coches, motos y autobuses por todas partes.	There are cars, motorcycles and buses everywhere.

Entre la calle y la acera, hay un carril azul que es solo para bicicletas. También hay gente andando en todas direcciones.

5

Cruzo la rotonda y veo que estoy en la calle de Atocha. La estación también se llama Atocha, así que decido seguir

10 esta calle para no perderme.

Madrid es una ciudad preciosa. Hay muchos edificios históricos y árboles por todas

15 partes.

«¡Qué ciudad tan verde!».

Subo por la calle de Atocha y

20 después de treinta minutos llego a una plaza muy grande.

Es espectacular. Es verdaderamente amplia y

25 mágicamente elegante.

Hay turistas sacando fotos de los edificios y niños jugando felices debajo de los

30 monumentos.

Miro mi mapa. Estoy en la plaza Mayor.

Between the street and the pavement, there is a blue lane that is for bicycles only. There are also people walking in all directions.

I cross the roundabout and see that I am on a street called Atocha. The station is also called Atocha, so I decide to follow this street so as not to get lost.

Madrid is a beautiful city. There are many historical buildings and trees everywhere.

What a green city!

I go up Atocha street and after thirty minutes I come to a very large square.

It is spectacular. It is truly spacious and magically elegant.

There are tourists taking photos of the buildings and children playing happily under the monuments.

I look at my map. I am in the *Plaza Mayor.*

El delicioso aroma a comida inunda la plaza. Miro a mi alrededor y veo la gran cantidad de cafeterías y

5 restaurantes que se encuentran en la plaza.

Hay gente comiendo y charlando con entusiasmo en

10 las mesas.

No me siento bien porque me estoy muriendo de hambre y tampoco sé cuando voy a

15 comer.

Ojalá tuviera dinero para disfrutar de este sitio. Me encantaría probar platos típicos:

20 jamón serrano, pan casero, bocadillos, calamares, tapas y más.

También tengo ganas de probar

25 los helados que se venden en la plaza, pero no puedo.

No tengo nada, sólo tengo hambre y sed.

30

Me siento en una de las mesas de la plaza. ¿A lo mejor le daré pena al camarero?

The delicious aroma of food fills the square. I look around and see the large number of cafes and restaurants that can be found on the square.

There are people eating and chatting enthusiastically at the tables.

I don't feel very well because I'm starving and I don't know when I'm going to eat.

I wish I had the money to enjoy this place. I would love to try typical dishes: *Serrano* ham, homemade bread, sandwiches, squid, tapas and more.

I also want to try the ice creams that are on sale in the square, but I can't.

I have nothing, just my hunger and thirst.

I sit at one of the tables in the square. Maybe the waiter will feel sorry for me?

¡Ojalá! Pero cuando el
camarero viene y le explico que
no tengo dinero, él no siente
ninguna pena.

5

—No puedes sentarte aquí si no
vas a comprar nada —me dice
el camarero.

10 —Vale, señor. Perdón —le
digo y me levanto.

Voy a la fuente para beber más
agua. ¿Qué más puedo hacer?
15 Me siento en la plaza y un
turista me ve.

Es estadounidense, pero se
parece mucho a mi padre. Le
20 dice a su mujer en inglés: —*So
sad to see so many young
people on the streets, isn't it
honey?*

25 El estadounidense me da
cincuenta céntimos. Siento
mucha vergüenza, pero no
puedo rechazarlos. Es el único
dinero que tengo.

30

Me quedo mirando la moneda,
suspiro y camino hambrienta
hacia el kiosko.

I wish! But when the waiter
comes and I explain that I have
no money, he does not feel
sorry at all.

"You can't sit here if you're not
going to buy anything," the
waiter tells me.

"Okay, sir. Sorry," I say and
get up.

I go to the fountain to drink
more water. What else can I
do? I sit in the square and a
tourist sees me.

He is American, but he looks a
lot like my father. He says to
his wife in English: —*So sad to
see so many young people on
the streets, isn't it honey?*

The American gives me fifty
cents. I am very ashamed, but I
cannot refuse them. It is the
only money I have.

I stare at the coin, sigh and
walk hungrily to the kiosk.

Con cincuenta céntimos lo único que puedo comprar es una piruleta de *Chupa Chups*.

With fifty cents the only thing I can buy is a *Chupa Chups* lollipop.

5   «¡No tengo ni un duro!».

I'm absolutely penniless!

Paso una hora o más en la plaza mirando a los turistas que disfrutan de sus comidas.

I spend an hour or more in the square watching the tourists enjoying their meals.

10

Al final decido volver a la oficina de objetos perdidos. El hombre en la oficina dice que mi equipaje no está.

In the end I decide to go back to the lost property office. The man in the office says my luggage is missing.

15

Dice que me va a llamar inmediatamente si mi equipaje aparece.

He says that he will call me immediately if my luggage shows up.

20 De repente me pongo a llorar. No puedo más. Tengo calor, tengo hambre y no me siento bien.

Suddenly I start crying. I can't bear it anymore. I'm hot, I'm hungry, and I'm not feeling well.

25 Quiero volver a mi pueblo en Alemania.

I want to go back to my hometown in Germany.

No me llevo bien con mis padres, pero vivir con ellos es
30 mejor que vivir sola en las calles.

I don't get along with my parents, but living with them is better than living alone on the streets.

El hombre de la oficina de
objetos perdidos está
sorprendido: —¿Estás bien,
señorita?

5

Le explico que no estoy bien y
que tengo miedo de estar sola
en una ciudad grande que no
conozco.

10

El hombre de la oficina tiene
cara de preocupación. Me
pregunto si él tiene hijos.

15 Pienso en mi padre: «¿Qué
estará haciendo ahora?». Me fui
de casa sin decir nada. Mi
padre debe estar muy
preocupado; mi madre también.

20

El hombre de la oficina me da
un cartón de zumo. Está
delicioso. —Escucha, hija —
dice el hombre de la oficina—,
25 hay un sitio en el paseo del
Prado.

El hombre de la oficina coge
mi mapa y pone una «X» en el
30 paseo del Prado. —No está
lejos de aquí y puedes dormir
allí. No es el Ritz, pero es un
sitio seguro.

The man from the lost property
office is shocked. "Are you
okay, miss?"

I explain that I am not OK and
that I am afraid of being alone
in a big city that I do not know.

The man in the office looks
worried. I wonder if he himself
has children.

I think of my father. *What is he
doing now?* I left home without
saying anything. My father
must be very worried; my
mother too.

The man in the office gives me
a carton of juice. It is delicious.
"Listen, child," says the man in
the office, "there's a place on
the *Paseo del Prado*."

The man in the office takes my
map and puts an "X" on the
Paseo del Prado. "It's not far
from here and you can sleep
there. It is not the Ritz, but it is
a safe place."

CHAPTER 3

Joanna se encuentra con Santiago

El paseo del Prado es un bulevar grandioso, ancho y elegante.

The *Paseo del Prado* is a grandiose, wide and elegant boulevard.

5 A un lado de la calle está el jardín botánico y al otro lado hay filas de edificios históricos.

On one side of the street is the botanical garden and on the other side are rows of historic buildings.

Ya son las ocho de la tarde.
10 Mis primeras doce horas en Madrid han sido problemáticas...

It's already eight in the evening. My first twelve hours in Madrid have been problematic...

Ahora me encuentro delante de
15 un edificio magnífico que parece muy importante. La señal dice: «Museo del Prado».

Now I am in front of a magnificent building that seems very important. The sign says: *Museo del Prado*.

Reconozco el nombre. Es uno
20 de los museos de arte más famosos y prestigiosos del mundo.

I recognise the name. It is one of the most famous and prestigious art museums in the world.

Me gustaría mucho visitar el
25 museo y disfrutar de las obras de arte, pero sin dinero, no puedo.

I would very much like to visit the museum and enjoy the works of art, but without money, I can't.

En el otro lado del paseo del
30 Prado hay un edificio alto y moderno. Es mucho más feo que el Museo del Prado.

On the other side of the *Paseo del Prado* there is a tall, modern building. It is much uglier than the *Prado* Museum.

Veo que se llama el Ministerio de Sanidad, Política Social e Igualdad.	I see that it's called the Ministry of Health, Social Policy and Equality.

| | 5 | Miro el mapa que me dio el hombre en la oficina de objetos perdidos. La «X» está delante del ministerio. | I look at the map the man in the lost property office gave me. The "X" is in front of the ministry. |

10 Veo un grupo de tiendas de campaña en la acera. «¿Es un campamento en medio de la ciudad?».

I see a group of tents on the pavement. *Is it a camp in the middle of the city?*

15 Hay gente charlando, sentados en el suelo o en sillas viejas. Esas personas parecen sucias, salvajes e intimidantes.

There are people chatting, sitting on the floor or in old chairs. Those people seem dirty, wild and intimidating.

20 «Tengo miedo».

I'm afraid.

Parece que este es el sitio que mencionó el hombre de la oficina de objetos perdidos.

Looks like this is the site the man from the lost and found office mentioned.

25

Pero no puede ser. «¡Yo no puedo acampar con *extraños* en medio de la ciudad!».

But it can't be. *I can't camp with strangers in the middle of the city!*

30 Miro hacia el Museo del Prado otra vez. Hay varias personas elegantes saliendo de una exposición de arte.

I look at the *Prado* Museum again. There are some elegant people coming out of an art exhibition.

Pienso en que quiero estar con
ellos, quiero cenar con ellos,
quiero alojarme con ellos.

5   «Pero, ¿qué puedo hacer?».

Me pregunto si me podría
acercar a ellos y pedirles una
habitación con desayuno
10 incluido. Pero no puedo.

Me siento completamente sola
y perdida.

15 «¡No soy una mendiga!».

Respiro hondo para no llorar.
De repente, oigo una voz: —
¡Señorita! ¡Señorita! ¡Joanna!
20

Giro la cabeza y veo un hombre
mayor cruzando la calle.

Camina con una cojera y tiene
25 su gata en los brazos. «¡Es el
hombre que conocí en la
estación!».

Me saluda con una amplia
30 sonrisa, pero la gata no parece
muy contenta de verme...

I think about how I want to be
with them, I want to dine with
them, I want to stay with them.

But what can I do?

I wonder if I could approach
them and ask for a room with
breakfast included.
But I can't do it.

I feel completely alone and
lost.

I'm not a beggar!

I take a deep breath to keep me
from crying. Suddenly, I hear a
voice: "Miss! Miss! Joanna!"

I turn my head and see an older
man crossing the street.

He walks with a limp and has
his cat in his arms. *It's the man
I met at the station!*

He greets me with a wide
smile, but the cat doesn't seem
very happy to see me ...

—¿Cómo estás, Joanna? —me dice—. ¿Qué tal los churros? Riquísimos, ¿no?

"How are you, Joanna?" He says. "How about the *churros*? Delicious, right?"

5 No sé qué decir. No he comido churros. De hecho, lo único que he comido en todo el día es *una piruleta.*

I do not know what to say. I have not eaten *churros*. In fact, the only thing I've eaten all day is a lollipop.

10 Tengo hambre, tengo sed, me duele la cabeza, me duelen las piernas y quiero llorar.

I'm hungry, I'm thirsty, my head hurts, my legs hurt, and I want to cry.

El hombre, Santiago, me mira
15 con cara amable.

The man, Santiago, looks at me with a kind face.

Es como un abuelo bonachón, pero también parece cansado y frágil, y el traje elegante que
20 lleva está viejo y sucio.

He is like a good-natured grandfather, but he also seems tired and frail, and the elegant suit he wears is old and dirty.

—¿Estás bien, hija? —dice—. Oye, ¿te llevamos a tu hotel, doña Margarita y yo? Tienes
25 que dormir bien y mañana todo irá mejor.

"Are you okay, child?" he says. "Listen, can we take you to your hotel, Mdm. Margarita and I? You have to sleep well and tomorrow everything will be better."

Le miro y niego con la cabeza.

I look at him and shake my head.

30 Le digo que no tengo donde dormir y que tampoco tengo dinero para comer.

I tell him that I have nowhere to sleep and that I also have no money to eat.

Le digo que estoy sola en la ciudad y que no sé qué hacer.

—No puede ser —responde Santiago—. Una chica sola en la ciudad... ¡Qué desgracia!

Luego se gira hacia su gata y dice: —Oye, doña Margarita, ¿y si invitamos a Joanna a nuestra casa para una cena especial?

—¿Qué te parece Joanna?

No sé qué decir. No me parece buena idea ir a casa de un hombre desconocido, pero Santiago es muy amable y no tengo otra opción.

Al sentir mis dudas, Santiago señala el campamento. —Está allí, mi casa. Mis amigos están allí también. Ven, te voy a preparar una cena especial.

—¿Vale?

«¿Una cena especial? Tengo tanta hambre que un trozo de pan duro sería 'especial' para mí».

I tell him that I am alone in the city and that I do not know what to do.
"It can't be," Santiago replies. "A girl alone in the city ... How awful!"

Then he turns to his cat and says: "Hey, Mdm. Margarita, what if we invite Joanna to our house for a special dinner?"

"What do you think Joanna?"

I do not know what to say. It doesn't seem like a good idea to go to the house of an unknown man, but Santiago is very kind and I have no other option.

Sensing my doubts, Santiago points to the camp. "It's there, my home. My friends are there too. Come, I'm going to cook you a special dinner."

"OK?"

A special dinner? I'm so hungry that a piece of stale bread would be 'special' to me.

—Gracias Santiago. Eres muy amable.

5 Llegamos al campamento. Hay una decena de tiendas de campaña y en el centro veo un grupo de personas charlando y jugando a las cartas.

10 Me miran con curiosidad.

Tengo la impresión de que no vienen muchas alemanas altas y rubias al campamento.

15

—Es mi nueva amiga, Joanna. Es alemana, acaba de llegar a Madrid y no tiene dinero. Va a dormir aquí esta noche.

20

Me presento a la gente del campamento. Todos me sonríen. Alguien me da una taza de té. Es dulce y muy rico.

25

Estas personas no son salvajes, pero sí viven en condiciones un poco sucias.

30 Uno de los vecinos del campamento dice alegremente:

"Thank you Santiago. You are very kind."

We arrive at the camp. There are a dozen tents and in the centre I see a group of people chatting and playing cards.

They look at me with curiosity.

I have the impression that not many tall, blonde German girls come to camp.

"She's my new friend, Joanna. She is German, she has just arrived in Madrid and has no money. She is going to sleep here tonight."
I introduce myself to the people from the camp. They all smile at me. Someone gives me a cup of tea. It is sweet and very tasty.
These people are not savages, but they do live in somewhat dirty conditions.

One of the camp's neighbours happily says:

—¡Oye, Santiago, ¡qué bien habla español esta chica! ¡Así da gusto! ¡Qué máquina!

"Hey, listen Santiago, this girl speaks Spanish really well! What a treat! What a legend!"

5 —Pues, ¿estás lista Joanna?

"Well, are you ready Joanna?"

—¿Lista? —repito—, ¿Lista para qué?

Ready? I repeat, "Ready for what?"

10 —Para ir de compras —dice Santiago riendo—. Tenemos que buscar los ingredientes para nuestra cena especial.

"To go shopping," Santiago says, laughing. "We have to look for the ingredients for our special dinner."

CHAPTER 4

Una cena especial

Son las nueve de la noche y
estoy en el centro de Madrid
con Santiago y su gata, doña
Margarita.

5

Santiago dice que va a preparar
una cena especial, pero
necesitamos ingredientes.

10 —Santiago —le digo
preocupada—, sabes que no
tengo dinero. No puedo ir de
compras sin dinero.

15 Santiago sonríe y me guiña un
ojo. —No te preocupes, hija.
Tengo un sistema.

—¿Un sistema? —repito aún
20 más preocupada.

Espero que no vaya a *robar* los
ingredientes…

25 Cruzamos la calle hacia el
Ministerio de Sanidad. Luego
seguimos por la calle de las
Huertas.

30 «¿Adónde vamos?».

La calle de las Huertas es muy
bonita.

It's nine at night and I'm in the
centre of Madrid with Santiago
and his cat, Mdm. Margarita.

Santiago says that he is going
to prepare a special dinner, but
we need ingredients.

"Santiago," I say worried, "you
know I don't have any money. I
can't go shopping without
money."

Santiago smiles and winks at
me. "Don't worry, child. I have
a system."

"A system?" I repeat even more
concerned.

I hope he is not going to *steal*
the ingredients...

We cross the street to the
Ministry of Health. Then we
continue along *Calle de las
Huertas* (Vegetable Garden St.).

Where are we going?

Calle de las Huertas is very
pretty.

No hay muchos coches, pero sí
que hay muchos árboles.

Es muy verde y muy tranquila.
5   A ambos lados de la calle hay
cafeterías, restaurantes y
tiendas. Me suenan las tripas.

Llegamos a un cruce y el olor a
10 pan es tentador.

—Espera aquí, Joanna.
Santiago me da la gata, que me
mira con cara de desconfianza.
15
—Vuelvo en un minuto.

Entra en una tienda mientras
doña Margarita y yo miramos
20 el escaparate.

Dentro hay pan de todas las
formas: redondo, alargado,
grande, pequeño y mediano.
25 También hay magdalenas,
bocadillos y tartas.

Se me está haciendo la boca
agua. Quiero entrar y comer
30 algo –cualquier cosa, aunque
solo sean las migas– pero no
puedo porque no tengo dinero.

There aren't many cars, but
there are lots of trees.

It is very green and very quiet.
On both sides of the street there
are cafes, restaurants and
shops. My stomach rumbles.

We come to a junction and the
smell of bread is enticing.

"Wait here, Joanna."
Santiago gives me the cat, who
looks at me untrustingly.

"I'll be back in a minute."

He walks into a shop while
Mdm. Margarita and I look at
the shop window.

Inside there is bread of all
shapes: round, long, large,
small and medium. There are
also cupcakes, sandwiches and
cakes.

It is making my mouth water. I
want to go in and eat something
- anything, even if it's just
crumbs - but I can't because I
don't have any money.

Después de un rato, Santiago
sale de la tienda. Tiene algo en
las manos.

5 Me mira y dice: —Tiene buena
pinta el pan ¿no? Toma, coge
esto. —Me da el paquete—.
Tenemos que ir al próximo
sitio.
10
—Pero... —digo confundida—.
¿Qué es?

—¿¡Qué es!? —repite Santiago
15 cogiendo la gata—. ¡Es pan,
claro!

—¡Pero tú tampoco tienes
dinero!
20
Sonríe. —No necesitas dinero
si eres listo... —Saca una barra
de pan. El olor del pan es
demasiado bueno—. ¿Ves que
25 está deformado? —digo que sí.

—A la gente, no le gusta el pan
feo, lo cual es una buena cosa
para nosotros. El panadero
30 guarda el pan *feo* que no puede
vender y me lo da.

Me da un trozo de pan y me

After a while, Santiago leaves
the shop. He has something in
his hands.

He looks at me and says, "The
bread looks good, doesn't it?
Here, take this." He hands me
the packet. "We have to go to
the next place."

"But ..." I say confused. "What
is it?"

"What is it!?" Santiago repeats,
taking the cat. "It's bread, of
course!"

"But you don't have any money
either!"

He smiles. "You don't need
money if you're smart ..." He
takes out a loaf of bread. The
smell of the bread is too good.
"Do you see it is misshapen?"
I say yes.
"People don't like *ugly* bread,
which is a good thing for us.
The baker keeps the *ugly* bread
that he cannot sell and gives it
to me."

He gives me a piece of bread

parece la cosa más deliciosa que he comido en mi vida.	and it seems like the most delicious thing I have ever eaten in my life.
—Vamos —dice Santiago—. Necesitamos más ingredientes.	"Come on," Santiago says. "We need more ingredients."
Luego vamos a una jamonería. Santiago entra en la tienda y doña Margarita y yo miramos el escaparate.	Then we go to a ham shop. Santiago walks into the store and Mdm. Margarita and I look in the shop window.
Hay patas de jamón por todas partes. También hay quesos, botellas de aceite de oliva, pasta, huevos y salchichas.	There are ham legs everywhere. There are also cheeses, bottles of olive oil, pasta, eggs and sausages.
Un minuto después, Santiago sale con una bolsa llena de comida.	A minute later, Santiago comes out with a bag full of food.
Miro a Santiago y sonríe. —Son los restos que no se pueden vender. Los trozos de jamón y queso que nadie quiere comprar.	I look at Santiago and he smiles. "These are the leftovers that cannot be sold. The pieces of ham and cheese that nobody wants to buy."
«¡Me parece increíble que haya tanta comida gratis en Madrid!».	*It seems incredible to me that there is so much free food in Madrid!*
Pensaba que necesitaría mucho dinero para comer en esta ciudad, pero no es así.	I thought that I would need a lot of money to eat in this city, but that's not the case.

Después vamos a una
verdulería donde nos dan las
verduras *feas*: zanahorias
deformadas, una lechuga
5 rasgada, pepinos torcidos,
tomates golpeados... Todas las
cosas que nadie quiere
comprar.

Then we go to a greengrocer
where they give us the *ugly*
vegetables: deformed carrots,
torn lettuce, bent cucumbers,
bruised tomatoes ... All the
things that nobody wants to
buy.

10 Luego vamos a la frutería y
Santiago sale con una bolsa de
plátanos, manzanas, cerezas y
fresas. También tiene
albaricoques y naranjas.
15

Then we go to the fruit shop
and Santiago comes out with a
bag of bananas, apples, cherries
and strawberries. He also has
apricots and oranges.

«¡No me puedo creer lo que
ven mis ojos!».

I can't believe my eyes!

Finalmente, vamos a una
20 bodega –una tienda de vino– y
nos dan dos botellas de vino
abiertas. —Son las botellas de
degustación —dice Santiago.

Finally, we go to a wine cellar
-a wine shop- and they give us
two open bottles of wine.
"They are the tasting samples"
says Santiago.

25 La gata está sentada
cómodamente en sus hombros
ahora. Al lado de la bodega hay
una pescadería.

The cat is sitting comfortably
on his shoulders now. Next to
the wine cellar there is a
fishmonger.

30 El dueño sale y le da un trozo
de pescado a Santiago, y luego
este se lo da a doña Margarita.

The owner goes out and gives a
piece of fish to Santiago, who
then he gives it to Mdm.
Margarita.

Cuando la gata termina su cena, Santiago me dice: —¿Vamos a casa?

When the cat finishes her dinner, Santiago says to me: "Shall we go home?"

5 Tenemos tantas bolsas que me duelen los dedos de las manos de cargarlas, y me duelen los pies de caminar todo el día. La cojera de Santiago también
10 parece peor ahora. Me pregunto: «¿qué le habrá pasado? ¿Cuál es su historia?».

We have so many bags that my fingers hurt from carrying them, and my feet hurt from walking all day. Santiago's limp also looks worse now. I wonder: *what could have happened to him? What is his story?*

Cuando volvemos al
15 campamento, Santiago llama a sus amigos. Se juntan todos en el centro y encienden unas velas.

When we return to the camp, Santiago calls his friends. They all gather in the centre of the camp and light some candles.

20 Cenamos pan con tomate, ensalada, jamón, queso y salchichón.

For dinner, we have bread with tomato, salad, ham, cheese and salami.

Luego, de postre, tomamos
25 todo tipo de fruta. Para beber tomo agua y Santiago bebe una copa de vino.

Then, for dessert, we have all kinds of fruit. To drink I have water and Santiago drinks a glass of wine.

Miro las caras felices a mi
30 alrededor. Es una cena especial. La cena más rica de mi vida. Pero falta algo...

I look at the happy faces around me. It is a special dinner. The most delicious dinner of my life. But something is missing ...

CHAPTER 5

Madrid gratis: lo feo es bonito

Duermo en una tienda de
campaña que está libre. Tiene
una colchoneta que es un poco
pequeña para mí, pero por lo
menos la sábana está limpia.

Para mi sorpresa es muy
cómoda. Me siento animada,
casi contenta.

Estoy con un grupo de personas
que me cuida y pronto voy a
tener mi equipaje.

Me despierto a las ocho. Hace
calor en la tienda de campaña y
puedo oír el ruido del tráfico.

Tardo un minuto en darme
cuenta de donde estoy. Suspiro.
Estoy en Madrid, sin dinero y
todavía no he recuperado mi
equipaje.

Me desperezo, me levanto y
salgo de la tienda. Santiago está
sentado en el centro del
campamento con doña
Margarita.

—¿Quieres un café? —me
pregunta.

I sleep in a tent that is free. It
has a thin mattress that is a bit
small for me, but at least the
sheet is clean.

To my surprise it is very
comfortable. I feel upbeat,
almost happy.

I am with a group of people
who are looking after me and
soon I will have my luggage.

I wake up at eight. It is hot in
the tent and I can hear the noise
of the traffic.

It takes me a minute to realise
where I am. I sigh. I am in
Madrid, without money and I
still haven't got back my
luggage.

I stretch, get up, and leave the
tent. Santiago is sitting in the
centre of the camp with Mdm.
Margarita.

"Do you want a coffee?" He
asks me.

—¿Café del feo? —respondo con una sonrisa.

—Lo mejor en la vida no tiene
5 precio —me dice pasándome una taza de café.

—¿Qué quieres hacer hoy, Joanna? ¿Tienes tiempo para
10 hacer un poco de turismo?

Me encojo de hombros.

—Todavía no me han llamado
15 de objetos perdidos, pero quiero ir a la estación para buscar mi equipaje...

—Muy bien. Doña Margarita y
20 yo vamos contigo. Si el equipaje no está, te vamos a hacer una visita guiada por Madrid.

25 Saber que Santiago viene conmigo me da tranquilidad. Incluso me parece que doña Margarita es más simpática ahora.
30
Vamos a la estación, pero el hombre en la oficina de objetos perdidos no tiene mi equipaje.

"Ugly coffee?" I answer with a smile.

"The best things in life are free," he says, passing me a cup of coffee.

"What do you want to do today, Joanna?" Do you have time to do a little sightseeing?"

I shrug my shoulders.

"They haven't called me from lost property yet, but I want to go to the station to look for my luggage ..."

"Very well. Mdm. Margarita and I are going with you. If the luggage is not there, we are going to give you a guided tour of Madrid."

Knowing that Santiago is coming with me gives me peace of mind. I even think that Mdm. Margarita is friendlier now.

We go to the station, but the man in the lost and found office doesn't have my luggage.

Estoy muy decepcionada. En la
oficina de objetos perdidos hay
muchas cosas distintas: maletas
de varios tamaños y formas,
5   paraguas de todos los colores,
zapatos perdidos, chaquetas y
guantes desparejados.

También veo una bicicleta con
10 cesta, un juego de ajedrez, una
guitarra sin cuerdas y libros en
muchos y variados idiomas.

—Te llamaré si encuentro tu
15 equipaje —dice el hombre de la
oficina.

Mira a Santiago que me espera
fuera y me pregunta: —¿has
20 dormido bien? —le digo que sí.

—Muy bien —contesta el
hombre de la oficina de objetos
perdidos—. Santiago es una
25 buena persona. Antes era un
banquero importante, un
hombre con mucha influencia,
pero...

30 El hombre no termina su frase
porque Santiago se acerca.

I am very disappointed. In the
lost and found office there are
lots of different things:
suitcases of various sizes and
shapes, umbrellas of all colors,
lost shoes, jackets and
mismatched gloves.

I also see a bicycle with a
basket, a chess set, a guitar
without strings, and books in
many different languages.

"I'll call you if I find your
luggage," says the man in the
office.

He looks at Santiago who is
waiting for me outside and then
asks me, "Did you sleep well?"
I say yes.
"Very well," replies the man
from the lost and found office.
"Santiago is a good person.
Before, he used to be an
important banker, a man with a
lot of influence, but..."

The man does not finish his
sentence because Santiago is
approaching.

—¿No está? —pregunta Santiago—. Pues nada, en ese caso Madrid nos espera.

"It's not there?" Santiago asks. "Well, ok then, in that case Madrid awaits us."

5 Doy gracias al hombre de la oficina de objetos perdidos y salgo con Santiago.

I thank the man in the lost property office and go out with Santiago.

—Santiago, estoy muy
10 agradecida por tu generosidad, pero ¿qué podemos hacer en esta ciudad sin dinero?

"Santiago, I am very grateful for your generosity, but what can we do in this city without money?"

Santiago suspira. —¿No
15 aprendiste nada anoche? —Se ríe y dice—: Ven, te voy a mostrar «Madrid Gratis». Hoy es domingo así que primero vamos al mercado.
20

Santiago sighs. "Didn't you learn anything last night?" He laughs and says, "Come, I'm going to show you *Free Madrid*. Today is Sunday so first let's go to the market."

Cruzamos Madrid a pie. Santiago dice que el mercado no está lejos, pero tiene que andar despacio porque le duele
25 la pierna.

We cross Madrid on foot. Santiago says the market is not far, but he has to walk slowly because his leg hurts.

—Estoy mayor, Joanna. Me duele todo el cuerpo: el cuello, los brazos, las piernas, las
30 rodillas, la espalda... Me duelen todos y cada uno de mis *huesos*. Estoy hecho una calamidad.

"I'm getting old, Joanna. My whole body hurts: my neck, my arms, my legs, my knees, my back ... Each and every one of my *bones* hurts. I'm a real wreck."

—¿Y no tienes familia que te cuide? —le pregunto. Pero enseguida me doy cuenta del error y me siento avergonzada.

5

Si Santiago tuviera familia, no viviría solo en la calle.

Santiago me mira y duda antes
10 de decir: —Tengo un hijo pero no me habla. Y... —Mira el suelo pensativo—, y… tengo un nieto. Se llama Santi, pero vive lejos, en el norte de
15 Madrid. Aunque a veces...

—¿Sí...? —digo curiosa.

—A veces voy al parque con él.
20 Pero está demasiado lejos para ir andando. Casi nunca tengo suficiente dinero para coger el autobús, el metro o un taxi.

25 —Es muy triste —digo.

Pienso en mi mamá y mi papá. Ellos no saben donde estoy y tienen que estar muy tristes,
30 como Santiago.

—Me duele el corazón —digo sin querer.

"And you don't have any family to take care of you?" I ask him. But I quickly realise my mistake and feel embarrassed.

If Santiago had a family, he wouldn't live alone on the streets.
Santiago looks at me and hesitates before saying: "I have a son but he doesn't talk to me. And …" He looks at the floor thoughtfully, "and … I have a grandson. His name is Santi, but he lives far away, in the north of Madrid. Although sometimes..."
"Yes ... ?" I say, curious.

"Sometimes I go to the park with him. But it is too far to walk. I hardly ever have enough money to take the bus, the underground, or a taxi."

"That's very sad," I say.

I think of my mom and dad. They don't know where I am and they must be very sad, like Santiago.

"My heart hurts," I say unintentionally.

—A mí también —dice Santiago y luego respira hondo y dice—: hemos llegado al mercado, Joanna.

5

El Mercado se llama El Rastro. Aquí la gente vende todo tipo de cosas: hay ropa, joyas, electrodomésticos, obras de
10 arte, antigüedades, comida…

Es increíble.

—¿Tienes hambre, Joanna? —
15 me pregunta.

—Siempre —contesto riéndome.

20 —Tengo amigos aquí. Cuando era banquero, venía de compras muy a menudo. Sin embargo, ahora vengo a vender cosas que encuentro en la calle de vez en
25 cuando.

Entramos en una zona del mercado donde hay mucha comida. Varias personas
30 saludan a Santiago.

Aquí todos los puestos tienen comida local para degustar.

"Me too," Santiago says and
35 then takes a deep breath and says, "we've reached the market, Joanna."

The market is called *El Rastro*. Here people sell all kinds of things: there are clothes, jewelry, appliances, works of art, antiques, food ...

It's incredible.

"Are you hungry, Joanna?" — He asks me.

"Always," I answer, laughing.

"I have friends here. When I was a banker, I used to come shopping very often. However, now I come to sell things that I find on the street from time to time."

We enter an area of the market where there is a lot of food. Several people greet Santiago.

Here all the stalls have local food to taste.

Los turistas están saboreando
las especialidades de cada
puesto. Hay queso, tarta, carne
asada, fruta y ¡churros con
5   chocolate!

Tourists are savouring the
specialties of each stall. There's
cheese, cake, roast meat, fruit,
and *churros* with chocolate!

Una mujer que trabaja en el
puesto me ofrece un churro y
está verdaderamente delicioso.
10

A woman who works at the
stall offers me a *churro* and it is
truly delicious.

Probamos muchos platos
típicos mientras damos una
vuelta por el mercado.

We try many typical dishes
while we walk around the
market.

15   Después del mercado, Santiago
me lleva a la Catedral de la
Almudena.

After the market, Santiago
takes me to the Almudena
Cathedral.

Dentro está fresquito y
20   decidimos sentarnos en uno de
los bancos cerca del altar y
descansar un rato.

It's cool inside and we decide to
sit on one of the benches near
the altar and rest for a while.

—¿Eres religiosa, Joanna? —
25   me susurra Santiago.

"Are you religious, Joanna?"
Santiago whispers to me.

Digo que no. —¿Y tú? —le
pregunto.

I say no. "And you?" I ask him.

30   —Sí y no. A veces hablo con
Dios...

"Yes and no. Sometimes I talk
to God ..."

—Y, ¿qué le dices?

"And what do you say to him?"

—Le digo que me gustaría ver
a Santi más a menudo. Perdí
todo lo que tenía en un solo día
–todo, hasta mis calcetines–
5 y ahora tengo miedo de perder
a mi nieto también. No me
importa vivir en la calle, pero
no ver al pequeño Santi, mi
nieto, me hace daño, mucho
10 daño.

Después de visitar la catedral
vamos a pasear por el parque
del Retiro.
15

—¿Te ha gustado «Madrid
Gratis»? —me pregunta con
una sonrisa enorme.

20 —Es realmente impresionante.
Lo he pasado bomba. ¡Pero la
verdad es que ahora me duelen
los pies de tanto caminar!

"I tell him I'd like to see Santi
more often. I lost everything I
had in one day - everything,
even my socks - and now I'm
afraid of losing my grandson
too. I don't mind living on the
streets, but not seeing little
Santi, my grandson, hurts me, it
hurts me a lot."

After visiting the cathedral we
walk through the *Retiro* park.

"Did you like *Free Madrid?*"
he asks me with a beaming
smile.

"It is really impressive.
I've had a blast. But the truth is
that now my feet hurt from so
much walking!"

CHAPTER 6

Objetos perdidos

Son las cuatro y media de la tarde cuando decidimos volver hacia el paseo del Prado.

It is half past four in the afternoon when we decide to return to the *Paseo del Prado*.

5 No tengo ni equipaje ni dinero, pero tengo nuevos amigos y he pasado una noche y un día muy interesante en Madrid.

I have neither luggage nor money, but I have new friends and I've spent a very interesting night and day in Madrid.

10 Santiago tiene razón: hay muchas cosas que se pueden hacer en Madrid sin dinero.

Santiago is right: there are lots of things that can be done in Madrid without money.

Pasamos por delante del Museo
15 del Prado y miro hacia sus puertas pensando en la gente elegante que vi la noche anterior.

We pass in front of the *Prado* Museum and I look towards its doors thinking of the elegant people I saw the night before.

20 Sí, es verdad que hay muchas cosas que se pueden hacer gratis en Madrid, pero no todas...

Yes, it is true that you can do lots of things for free in Madrid, but not everything...

25 Santiago me mira y dice: —¿Te interesa el arte, hija?

Santiago looks at me and says: "Are you interested in art, child?"

Digo que sí.

I say yes.

30 —El Museo del Prado es muy famoso. Me gustaría mucho visitarlo algún día. Voy a volver cuando tenga dinero.

"The *Prado* Museum is very famous. I would very much like to visit it one day. I will come back when I have money."

Santiago se ríe.
—Ven conmigo, Joanna. Te
quiero enseñar una cosa.

5 Vamos hacia el museo, pero no
entiendo qué va a hacer
Santiago.

El museo parece muy elegante
10 y muy caro. Alrededor del
museo hay un parque donde
hay carteles promocionales de
varias exposiciones de arte.

15 Llegamos a la entrada del
museo y hay guardias de
seguridad que nos miran.

Me siento avergonzada. Yo,
20 una chica sin dinero que no se
ha duchado en tres días, y mi
amigo, un vagabundo con una
gata en los hombros.

25 Parece que nos van a parar,
pero cuando llegamos a la
puerta uno de los guardias
saluda a Santiago.

30 —Don Santiago Delgado.
¡Cuánto tiempo! ¡Qué alegría
verle! ¿Cómo está usted?

Santiago laughs.
"Come with me, Joanna. I want
to show you something."

We are heading towards the
museum, but I don't understand
what Santiago is going to do.

The museum looks very elegant
and very expensive. Around the
museum there is a park where
there are promotional posters
for various art exhibitions.

We arrive at the entrance of the
museum and there are security
guards looking at us.

I feel embarrassed. Me, a
penniless girl who hasn't
showered in three days, and my
friend, a homeless man with a
cat on his shoulders.

It looks like they are going to
stop us, but when we get to the
door one of the guards greets
Santiago.

"Mr Santiago Delgado. Long
time no see! What a joy to see
you! How are you, sir?"

—Bien, gracias, Javier. Mi
amiga Joanna quiere ver el
museo, ¿vale?

5 —Claro, señor. Ustedes son
siempre bienvenidos —contesta
el guardia abriendo la puerta.

Entramos en el museo y veo
10 que es enorme. La entrada es
moderna, pero hay obras de
arte de todas las épocas.

A un lado de la entrada hay un
15 restaurante y una tienda, y al
otro veo salas y pasillos que
van en todas direcciones.

—¿Conoces a los guardias? —
20 le pregunto a Santiago.

—Pues sí… Antes, cuando era
banquero, trabajaba mucho con
los directores del museo. Me
25 conocen bien.

Estoy impresionada.

«¿Qué negocios tenía Santiago
30 con los directores del Museo
del Prado? ¿Y cómo puede ser
que ahora duerma en la calle a
la sombra de los magníficos

"Well, thanks Javier. My friend
Joanna wants to see the
museum, okay?"

"Of course, sir. You are always
welcome," answers the guard,
opening the door.

We enter the museum and I see
that it is huge. The entrance is
modern, but there are works of
art from all eras.

On one side of the entrance
there is a restaurant and a shop,
and on the other I see rooms
and corridors that go off in all
directions.
"Do you know the guards?" I
ask Santiago.

"Well, yes … Before, when I
was a banker, I worked a lot
with the directors of the
museum. They know me well."

I'm impressed.

*What business did Santiago
have with the directors of the
Prado Museum? And how can
it be that he now sleeps on the
street in the shadow of the*

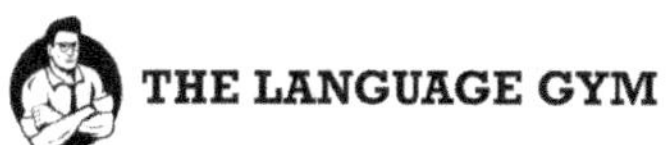

edificios del museo?».

—¿Es por eso que nos han dejado entrar gratis? —le pregunto.

Santiago sonríe.
—No, hija. Los domingos por la tarde, el Museo del Prado es gratis para *todos*.

El arte es para todos, no solo para los ricos.

Santiago me lleva a varias salas donde veo obras de arte de Velázquez, Goya, El Greco, Raphaël, Caravaggio y muchos más.

Me paro delante de la entrada de una de las salas y veo que hay una chapa dorada que dice «Sala don S. Delgado».

Entramos y vemos una obra muy antigua de un religioso meditando.

—Es mi obra de arte favorita. El hombre se llama San Francisco —dice Santiago—. Vivió una vida de pobreza y

---

magnificent museum buildings?

"Is that why they let us in for free?" I ask him.

Santiago smiles.
"No, child. On Sunday afternoons, the *Prado* Museum is free for everyone."

Art is for everyone, not just the rich.

Santiago takes me to various rooms where I see works of art by Velázquez, Goya, El Greco, Raphaël, Caravaggio and many more.

I stop in front of the entrance of one of the rooms and see that there is a gold plate that says "The Mr S. Delgado Hall."

We enter and see a very old work of art of a religious figure meditating.

"It's my favorite work of art. The man's name is San Francisco," says Santiago. "He lived a life of poverty and

caridad. San Francisco decía: «Necesito pocas cosas. Y las pocas cosas que necesito, las necesito poco».	charity. Saint Francis said: I need few things. And the few things I need, I need them little."
5	
De repente mi teléfono vibra. Tengo un mensaje. Es el hombre de la oficina de objetos perdidos.	Suddenly my phone vibrates. I have a message. It's the man from the lost and found office.
10	
«¡Tiene mi equipaje!».	*He has my luggage!*
—¡Tengo que ir a la estación! —le digo a Santiago, 15 emocionada—. ¡Tienen mi equipaje! Por fin, ¡mi pasaporte, mi dinero, mis cosas! Gracias por todo Santiago, pero tengo que irme...	"I have to go to the station!", I tell Santiago excitedly. "They have my luggage! Finally, my passport, my money, my things! Thanks for everything Santiago, but I have to go..."
20	
—¡Qué bien, hija! ¿Voy contigo? —me pregunta.	"How nice, child! Shall I come with you?" He asks me.
Le miro y niego con la cabeza.	I look at him and shake my head.
25	
Parece muy cansado y me imagino que le duelen las piernas, las rodillas, los tobillos.	He seems very tired and I imagine his legs, knees, ankles must hurt.
30	
Pobre hombre.	Poor man.

Pero yo me siento tan emocionada que corro hacia la estación.

But I feel so excited that I run to the station.

5 Lo he pasado muy bien con Santiago, pero ahora tengo ganas de ducharme, comer en un restaurante y salir con mi mejor amiga por Toledo.
10

I've had a great time with Santiago, but now I want to shower, eat in a restaurant and go out with my best friend in Toledo.

«¿A lo mejor puedo coger el tren esta misma noche?».

Maybe I can catch the train tonight?

Cuando llego a la estación, ya
15 son las siete y cuarto de la tarde y el hombre de la oficina de objetos perdidos me está esperando.

By the time I get to the station, it's already quarter past seven in the evening and the man from the lost property office is waiting for me.

20 Tiene mi equipaje. Le doy las gracias. Estoy un poco nerviosa.

He has my luggage. I thank him. I'm a little nervous.

«¿Estarán todas mis cosas
25 dentro del equipaje?».

Will all my things still be in the luggage?

Lo abro despacio y, por suerte, mi cartera y mi pasaporte están dentro.
30

I open it slowly and luckily my wallet and passport are inside.

Suspiro aliviada.

I sigh in relief.

«Ahora tengo dinero y ropa, y mi botella de agua también».

Now I have money and clothes, and my water bottle too.

El hombre sonríe. —¿Tienes todo lo que necesitas? —me pregunta.

The man smiles. "Do you have everything you need?" He asks me.

Miro los objetos perdidos en su oficina.

I look at the lost items in his office.

—No... no lo tengo todo. Necesito algo más... y me pregunto si tú me puedes ayudar —le digo.

"No ... I don't have everything. I need something else ... and I wonder if you can help me," I say.

CHAPTER 7

Lo mejor de la vida no tiene precio

Cuando vuelvo al campamento ya son las ocho de la tarde.

When I return to the camp, it is already eight in the evening.

Santiago y doña Margarita están en el centro del campamento charlando con sus amigos.

Santiago and Mdm. Margarita are in the centre of the camp chatting with their friends.

Dejo unas cosas detrás de las tiendas de campaña y me acerco al grupo.

I leave some things behind the tents and go over to the group.

Santiago me ve y dice: —¡Has vuelto! —Está sorprendido.

Santiago sees me and says: "You're back!" He is surprised.

Incluso doña Margarita parece sorprendida.
—¿Quieres té? —me pregunta.
Digo que sí y me siento con ellos.

Even Mdm. Margarita seems surprised.
"Do you want tea?" He asks me. I say yes and sit down with them.

—Vco que ya tienes tu equipaje —dice un amigo de Santiago señalando con el dedo.

"I see you already have your luggage," says a friend of Santiago, pointing a finger.

—Sí, sí. Y todo está dentro. Ya tengo ropa, pasaporte, dinero y… ¡mi botella de agua! También he llamado a mis padres. Ahora ya saben donde estoy… y que estoy sana y salva. Me equivoqué al dejarlos sin decirles nada.

"Yes, yes. And everything is inside. Now I have my clothes, passport, money and… my water bottle! I have also called my parents. Now they know where I am ... and that I am safe and sound. I was wrong to leave without saying anything."

—Tú no eliges a tu familia, hija. Ellos son un regalo de Dios para ti —me dice Santiago pasándome una taza de té.

La gata está frotando mis piernas con su cuerpo.

—¿Y cuándo vas a Toledo?

—Mañana. Voy a coger el tren a las ocho de la mañana.

—Me alegro —dice Santiago con una sonrisa cálida. Doña Margarita me mira con ojos grandes. La acaricio y empieza a ronronear.

—Quiero invitaros a cenar —le digo a Santiago y a sus amigos—. Y tengo una sorpresa para ti, Santiago. ¿Vienes?

—¿Una sorpresa? Pues, vale, claro que vengo.

Santiago coge a la gata y me sigue detrás de las tiendas de campaña.

"You don't choose your family, child. They are a gift from God to you," Santiago tells me, handing me a cup of tea.

The cat is rubbing my legs with her body.

"And when are you going to Toledo?"

"Tomorrow. I'm going to catch the train at eight in the morning."

"I'm glad," Santiago says with a warm smile. Mdm. Margarita looks at me with big eyes. I stroke her and she begins to purr.

"I want to invite you to dinner," I tell Santiago and his friends. "And I have a surprise for you, Santiago. You coming?"

"A surprise? Well, okay, of course I'm coming."

Santiago takes the cat and follows me behind the tents.

Se ve que está cansado porque
su cojera parece incluso peor
que antes.

5 —Pues, ¿qué es, hija?

Le enseño la bicicleta. —Es
para ti, Santiago. Ahora puedes
ver a tu nieto cuando quieras.
10 Incluso tiene una cesta para
doña Margarita.

Santiago duda un momento.
—Hija… No la puedo aceptar.
15 Tú no tienes mucho dinero y…
y…

—El hombre de la oficina de
objetos perdidos me la dio. La
20 bici llevaba dos años en su
oficina.

Solo necesitaba un poco de
aceite y ahora está como nueva.
25

—Es que… no sé qué decir,
hija…

—Es como tú dices: lo mejor
30 de la vida es gratis.

I can see that he is tired
because his limp seems even
worse than before.

"Well, what is it, child?"

I show him the bicycle. "It's for
you, Santiago. Now you can
see your grandson whenever
you want." It even has a basket
for Mdm. Margarita.

Santiago hesitates for a
moment. "Child... I can't accept
it. You don't have much money
and ... and ..."

"The man from the lost and
found office gave it to me."
The bike had been in his office
for two years.

It just needed a little oil and
now it's good as new.

"I just ... I don't know what to
say, child..."

"It's like you say it: the best
things in life are free."

La familia, la independencia, la libertad. Esas cosas no tienen precio.

5 —Tienes razón, hija, tienes razón. —Santiago pone a doña Margarita en la cesta y se monta en la bicicleta.

10 La gata mira a Santiago y se sienta cómodamente.

—Oye doña Margarita, ¿y si damos una vuelta por el norte 15 de Madrid mañana por la mañana?

—¡Qué bien, Santiago! —digo—, pero ¿ahora vienes 20 conmigo?»

—¿A dónde? —me pregunta.

—Vamos a ir de compras. 25 Quiero encontrar la comida más *fea* de Madrid.

Family, independence, freedom. Those things are priceless.

"You are right, child, you are right." Santiago puts Mdm. Margarita in the basket and gets on the bicycle.

The cat looks at Santiago and sits down comfortably.

"Hey Mdm. Margarita, how about we go for a ride to the north of Madrid tomorrow morning?"

"That's great, Santiago!" I say, "but are you coming with me now?"

"Where to?" he asks me.

"We're going shopping. I want to find the *ugliest* food in Madrid."

www.ingramcontent.com/pod-product-compliance
Lightning Source LLC
LaVergne TN
LVHW041345200726
843509LV00009B/860